Die Dame vom Stand ...
Geschichten und Anekdoten aus dem alten Lübeck
Band 2

Helmut von der Lippe

Die Dame vom Stand...

Geschichten und Anekdoten aus dem alten Lübeck
Band 2

Wartberg Verlag

Bildnachweis:
Archiv Lübecker Nachrichten und
Privatarchiv des Autors

1. Auflage 2004

Satz und Layout: Grafik & Design Ulrich Weiß, Gudensberg
Druck: Druckerei Steinmeier, Nördlingen
Buchbinderische Verarbeitung:
Buchbinderei Büge, Celle

34281 Gudensberg-Gleichen, Im Wiesental 1
Telefon (0 56 03) 9 30 50
www.wartberg-verlag.de
ISBN 3-8313-1430-6

Inhaltsverzeichnis

Die Dame vom Stand

Sie liebte das Leben, die Menschen, die Kunst und den lieben Gott – Anna Jäger-Stiller. Als „singende Köchin“ und als „Dame vom Stand“ wird sie vielen Lübeckern unvergessen bleiben.

Anna Jäger-Stiller in ihrem Element – als „Dame vom Stand“ (links) auf dem Wochenmarkt

Ihr Leben lang hat sich die Sudetendeutsche, die 1925 mit ihrer Familie nach Scharbeutz zog und 1932 in Lübeck heimisch wurde, dem Theater und der Musik verbunden gefühlt. Ihr Traum, einmal selbst auf den Brettern der Welt zu stehen, erfüllte sich jedoch nicht. Gleichwohl verband sie bis zuletzt eine besonders innige Zuneigung zu der Schauspielerin Paula Wessely. Die Liebe begann, als die Künstlerin vor Jahrzehnten in der Hansestadt in „Fast ein Poet" von Eugene O'Neill gastierte. Die nie schüchterne Anna kletterte mit einem Strauß Rosen auf die Bühne, zum Beweis liebevoller Verehrung, de Bestand haben sollte. Denn seitdem ging stets im Januar wenige Tage vor dem Geburtstag Paula Wesselys ein Marzipanpräsent aus Lübeck nach Wien, und jedes Mal kamen herzliche Briefe zurück.

Anna Jäger-Stiller verdingte sich zunächst in der Landwirtschaft, lernte danach den Beruf der Köchin in so renommierten Lübecker Häusern wie dem Ratskeller und dem 1942 zerstörten Hotel „Stadt Hamburg" und machte sich seit 1966 als „Dame vom Stand" auf Lübecks Wochenmärkten einen Namen. Hier fand sie eine ganz private Bühne, auf der sie ihr Publikum ungeschminkt mit ihren aufmunternden Lebensweisheiten verzaubern konnte.

Begeisterten Applaus erntete Anna Jäger-Stiller auch immer wieder, wenn sie auszog, um andernorts ihre Stimme zu Gehör zu bringen. So vor allem bei den Amateur-Künstler-Wettbewerben im Travemünder Kurhaus, wo sie ihr musikalisches Temperament mit der „Juliska von Budapest“ hinreißend versprühte. Wegen ihrer regelmäßigen Auftritte ehrte die Travemünder Kurverwaltung sie sogar mit der Silbernen Ehrennadel.

Unvergessen geblieben ist auch ihr Auftritt in Bioleks Quiz-Show „Mensch Meier“, in der sie nur knapp den Sieg verfehlte. Anna Jäger-Stillers Lebensweisheit und Philosophie war bei aller scheinbaren äußerlichen Umtriebigkeit in einer tiefen Religiosität begründet. Gelassen sah sie dem Tode, der sie im April 2000 im Alter von 87 Jahren ereilte, schon lange vor dem Ende ihres langen Lebens entgegen, wie es unter anderem in den von ihr verfassten Versen zum Ausdruck kommt: „Stehe ich endlich bescheiden vor'm Tor, dann tritt wohl der Hüter prüfend hervor und rätselt für sich: Du scheinst mir bekannt. Dann jubel ich lauthals und reich‘ ihm die Hand: Natürlich! Ich bin doch die Dame vom Stand!“

Die Grenze trennt sogar Kohlköpfe

Damit müssen die Bewohner des Dorfes Krummesse nun schon seit Jahrhunderten leben, dass sie zu einem Viertel zur Hansestadt Lübeck gehören und zum anderen Teil zum Kreis Herzogtum Lauenburg. Die Geschichte dieser ungewöhnlichen Zweiteilung reicht weit ins Mittelalter zurück, und müßig wäre es an dieser Stelle, sie im Detail nachverfolgen zu wollen. Tatsache ist, dass die Grenze nicht schnurgerade durchs Dorf verläuft, sondern in Zick-Zack-Linien Kohlköpfe in rechte und linke Hälften teilt, mitten durch die Küchen, Wohnzimmer und Ehebetten führt, so dass „sie" auf lübeckischem Gebiet und „er" im Lauenburgischen schläft.

Die Grenze führt zu manchem Kuriosum: Sie schläft in Lübeck, er im Lauenburgischen.
(Zeichnung: Anneli Reichert)

Autos sind entweder mit dem Kennzeichen HL in Lübeck anzumelden oder bedürfen der RZ-Registratur in der Kreisstadt Ratzeburg. Die Krummesser haben sich mittlerweile an diese Trennung gewöhnt, wenngleich es auch Zeiten gab, in denen man nicht so sonderlich einverstanden gewesen war, dass man mitunter ungleich behandelt wurde. Im Zweiten Weltkrieg zum Beispiel zeigte man sich doch höchst ungehalten darüber, dass die Lübecker als bombengeschädigte Städter Durchhaltezuteilungen von Bohnenkaffee erhielten, die im gleichen Haus wohnenden lauenburgischen Krummesser aber nur an dessen Duft schnuppern durften.

Wiederholt gab es, vornehmlich in den 50er und 60er Jahren des vorigen Jahrhunderts, Bestrebungen, Krummesse nach Lübeck einzugemeinden. Unter Bürgermeister Luhmann votierten seinerzeit knappe Mehrheiten für solch einen Entscheid. Sie wurden unter seinem Nachfolger jedoch wieder rückgängig gemacht. So lebt man denn auch heute weiter in lübeckisch-lauenburgischer Gemeinsamkeit. „Jeder weiß schließlich, zu welchem Dorf er gehört“, brachte ein Bewohner des Ortes die scheinbare Zwiespältigkeit des Gemeinwesens in salomonischer Weisheit auf einen Nenner, „auch wenn er nicht weiß, wohin der Nachbar gehört.“

Glückskäfer versetzen Urlauber in Panik

Das hatte es in Travemünde bis dahin noch nie gegeben. Millionen von Marienkäfern, die doch eigentlich den legendären Ruf haben, den Menschen Glück zu bringen, fielen am 20. Juli 1976 über das Lübecker Ostseebad her und versetzten manche Urlauber in regelrechte Panik. Eine laue Südostbrise hatte die dichten Schwärme an die Küste getrieben, und im Nu hatten die Käfer alles mit Beschlag

Dicht umschwirrt von Marienkäfern waren die Laternen auf der Kurpromenade

belegt, was ihnen zur Landung geeignet erschienen war: Menschen, Autos, Lampen, Pflanzen, Fensterscheiben, Kisten und Kästen, Tücher und Taschen.

Vermutlich hatten der milde Winter und die lange Trockenperiode der vergangenen Wochen die Vermehrung der von Blattläusen gut genährten Marienkäfer begünstigt. „Die kommen bestimmt von drüben, aus der DDR“, empörte sich damals ein Fischermeister mit Blick auf die gegenüberliegende Zonengrenze. Auch ein Urlauber aus Hannover resümierte resigniert: „Mir reichts jetzt hier. Zuerst die Invasion der Rapsglanzkäfer, dann der stinkende Tang am Strand und jetzt auch noch die Marienkäfer. Ich fahr nach Hause.“

Es war in der Tat ein ungewöhnlicher Sommer gewesen. „Die Landwirtschaft steht vor den größten Ernteverlusten seit Jahrhunderten“, berichteten damals die „Lübecker Nachrichten“. Wochenlange Dürre hatte seinerzeit nicht nur in den Forsten, sondern vor allem auf den Feldern verheerende Schäden angerichtet. Und so sah die Bilanz der Bauern in diesem trockenen Sommer 1976 aus: „Das Sommergetreide weist Ertragseinbußen von 10, teilweise bis zu 80 Prozent auf. Der Weizen, der jetzt ausgeblüht ist, hat keine Früchte entwickeln können. Die Kartof-

Beliebte Landeplätze für die „Glücksbringer" waren auch die Sommerhüte der Urlauber

fel wächst hoch. an den Wurzeln bilden sich keine Knollen. Den Rest besorgt der Kartoffelkäfer. Der Raps warf die Blüten ab, bevor sie bestäubt wurden." Ebenso verzweifelt klangen die Wehklagen der Gemüsegärtner: „Salat, Erbsen, Bohnen, Kohlrabi und Suppengemüse – alle Erträge in Lübeck haben große Einbußen zu verzeichnen. Die Früchte sind nicht mehr so zart wie früher und die Schalen sind härter. Aber noch schlimmer: Läuse haben Hochsaison. Haferhalme sind bis oben hin voll damit und mit Wonne vergnügen sie sich auch am Gemüse."

Ein Sommer, der in die Annalen einging. Selbst das Feuerwerk zum Abschluss des traditionellen Lübecker Volksfestes musste in jenem Jahr wegen der langandauernden Trockenheit aus Sicherheitsgründen ausfallen.

Jazz-Fans zog es zum „Riverboat“

Das „Riverboat“ an der Puppenbrücke war in den 50er und 60er Jahren das Mekka für alle Lübecker Jazz-Fans gewesen. Musik-Größen wie Michael Naura, Wolfgang Schlüter, Abi Hübner, Bill Ramsey und Gunter Hampel traten hier auf und gaben der Atmosphäre in dem nur spärlich beleuchteten Unterdeck ein besonderes Flair. „Anfangs saß man auf Strohballen“, erinnert sich Peter Stolterfoht, der als junger Gitarrist die Szene miterlebt hat, „es war einfach riesig. Das Riverboat war eine Institution.“ Und manch ein armer Student war damals erfindungsreich genug gewesen, um sich mitsamt einem in der Hosentasche verborgenen Flachmann an der Eintrittskasse vorbeizuschmuggeln, um in den Genuss der exzellent dargebotenen Jazzrhythmen zu kommen. Eröffnet wurde das 60 Meter lange Musikschiff, dessen Rumpf aus Zement besteht und das im Kriege als Lastenkahn gedient hatte, am 30. April 1956. Gut 20 Jahre lang sollte es die erste Adresse für Jazzfreunde aus Lübeck und der näheren Umgebung bleiben. Dann setzte sich ein anderer Trend in der Musikszene durch. Disko-Sound war fortan gefragt.

Für das „Riverboat“ war damit auch ein örtlicher Wechsel verbunden. Im März 1979 wurde es von seinem bisherigen Liegeplatz im Stadtgraben neben der Puppenbrücke zur Trave in den Holstenhafen geschleppt, nur wenige Meter vom Holstentor entfernt. Doch nicht allzu lange sollte der Diskodampfer an dieser Stelle verweilen dürfen. Die unmittelbare Nähe zum Wahrzeichen der Hansestadt, so wurde gerügt, vertrage das laute und bunte Getriebe nächtlicher Ausgelassenheit an diesem Orte nicht.

Parkplatznöte wurden zudem geltend gemacht, die Müllentsorgung und Anlieferung auf dem unbefestigten Gelände seien problematisch, und schließlich, so befand Bausenator Dr. Volker Zahn seinerzeit: „Das Schiff liegt wie ein Brett vor dem malerischen Winkel am Holstentor.“ Und ab ging's mit dem Kahn zur nächsten Liegestätte, in den Klughafen auf der östlichen Seite der Stadt, fernab von allen monumentalen Sehenswürdigkeiten. Dort liegt das Schiff auch heute noch und bietet seit einigen Jahren mit dem italienischen Restaurant „Seaside“ und der angrenzenden Diskothek „Body & Soul“ gleich zweierlei Gelegenheiten zu neuerlichem Amüsement an.

Eine dänische Orgel für den Lübecker Dom

Für einiges Aufsehen sorgte am 13. Dezember 1964 eine kleine Meldung in den „Lübecker Nachrichten", wonach die dänische Firma Marcussen aus Apenrade damit beauftragt worden sei, eine neue Orgel für den Lübecker Dom zu bauen. Der damalige Domorganist Erwin Zillinger hatte dazu erklärt, der Auftrag sei nach Dänemark vergeben worden, um die Verbindung Lübecks zum Norden zu dokumentieren. So wie die Lübecker Orgelbaufirma Kemper Instrumente in Skandinavien gebaut habe, solle diese Gelegenheit jetzt auch einem dänischen Unternehmen in Lübeck zuteil werden. Mitentscheidend sei bei der Vergabe des Auftrags die Qualität der ebenfalls von Marcussen gebauten Schleswiger Dom-Orgel gewesen.

Diese Entscheidung veranlasste den damaligen Feuilleton-Chef der „Lübecker Nachrichten", Jan Herchenröder, zu einer harschen Gegenattacke. „Wir haben nichts gegen das dänische Unternehmen in Apenrade", hieß es in seiner Philippika, „und hätten auch nicht so viel gegen den Auftrag der Dom-Gemeinde einzuwenden, wenn sich nicht in Lübeck eines der bedeutendsten europäischen Unternehmen, die Orgelbauwerkstatt Kemper & Sohn, befände." Was vor allem befremde, sei die Tatsache, dass für den Betrag, den Marcussen erhalte, Kemper statt der vorgesehenen Orgel mit 40 Registern eine mit 70 habe bauen können. Das wäre der Akustik des weiträumigen Doms entschieden angemessener gewesen.

Außerdem würden bei den Lübecker Werkstätten die Spesen für einen Stab von Technikern wegfallen, die mindestens sechs Wochen benötigten, um eine 40-stimmige Orgel aufzubauen.

Ursprünglich sei geplant gewesen, für den Dom eine schlichte Gemeindeorgel zu bestellen, weil man den Standpunkt vertreten habe, dass die Tradition der Lübecker Kirchenmusiken durch Konzerte in St. Marien, St. Jakobi und St. Aegidien zur Genüge abgedeckt sei. Dagegen wäre wenig einzuwenden gewesen.

„Wenn man aber schon eine Luxusorgel von 40 Registern zu der nicht geringen Summe von 246 000 Mark bestellen würde, die für den normalen Gottesdienst zu aufwändig gerät, durch die schwierige Akustik jedoch, zumal sie an der Nordwand und nicht in dem Raum vor den Türmen aufgestellt werden soll, für Kirchenkonzerte nicht ausreicht, dann muss man sich fragen,

Die dänische Marcussen-Orgel an der Nordwand des Lübecker Doms

ob hier nicht eine recht unüberlegte Disposition zugrunde liegt.

Der Dom wird künstlerisch deklassiert für Jahrzehnte, denn die neue Orgel wird in der großen Kirche nicht einmal für Bach ausreichen, geschweige denn für Werke von Lacroix, Messiaen oder Reger."

Auf diesen Artikel folgte eine Welle der Entrüstung. Mit einer Gegendarstellung bezichtigte allen voran die Dom-Gemeinde Jan Herchenröder, in zumindest neun Punkten Unwahrheiten verbreitet zu haben. Abgesehen davon, dass offiziell bestellte Sachverständige die Qualität der Orgel wie auch deren Position an der Nordwand als optimal bezeichnet hätten, würde die von ihm bezeichnete „Luxusorgel" nicht 240000 Mark, sondern nur 160 000 Mark kosten.

In den Chor der Kritiker an dem Kunstrezensenten reihte sich schließlich auch Uwe Röhl mit ein, seinerzeit Landeskirchenmusikdirektor und ab 1967 Kantor und Organist am Lübecker Dom. Mit der ihm eigenen Ironie stellte er in den Raum, ob der Kulturchef möglicherweise anti-dänische Tendenzen verträte. Wie aber sei es anderseits mit den vielen dänischen Möbeln, den herrlichen Fischdelikatessen, den bezaubernden Lampen aus dem Nachbarland, die sich hierzulande doch größter Beliebtheit erfreuen. „Da Sie ja leider vom Orgelbau nichts verstehen und auch nichts vom Orgelklang", wandte sich Röhl in einer persönlichen Note an Herchenröder, „ist selbstverständlich eine

Diskussion mit Ihnen darüber schwierig. Seien Sie nur froh, dass Organisten meistens weltfremd sind und friedfertig, sonst würde sicher eine ganze Meute europäischer Spitzenorganisten über Sie herfallen und Sie fürchterlich verprügeln für den Unsinn, den Sie im letzten Abschnitt ihres Luxusartikels über die Möglichkeiten einer 40-stimmigen Orgel geschrieben haben.“ Seit 1967 hat die Orgel aus Apenrade einen festen und anerkannten Platz im Lübecker Dom.

„Herr Präsident, Sie haben sich eingesaut“

Gerhard Gaul, von 1967 bis 1969 schleswig-holsteinischer Justiz- und Wirtschaftsminister und über zehn Jahre lang Stadtpräsident in Lübeck, war ein maître de plaisir, der die Hansestadt mit Geist und Humor auf dem Silbertablett zu präsentieren vermochte. Seine Reden waren stets gespickt mit launigen Anekdoten, witzigen Aperçus und originellen Anspielungen auf lokale Begebenheiten. Dabei war er selbstironisch genug, um lächelnd darüber hinwegzusehen, wenn ein anderer sich ihm gegenüber schon mal im Wort vergriffen hatte, zumal wenn dies gleichsam ungewollt geschehen war.

So zum Beispiel, als sein Fahrer eines Morgens zu ihm kam und ihn auf einen dicken weißen Fleck am dunkelblauen Mantel aufmerksam machte, der sich beim Touchieren einer Kalkwand in den Stoff eingenistet hatte. „Herr Präsident“, so der Fahrer kurz und trocken, „Sie haben sich eingesaut!“

Kurz darauf chauffierte derselbe Fahrer den Stadtpräsidenten zum Pressekegeln. Auf dem Hinweg bedeutete Gaul seinem Fahrer, dass er nicht so spät zurückkehren wolle, weil er nicht so gern und obendrein schlecht kegele. „Ach“, versuchte der Fahrer seinen Dienstherrn zu animieren, „die dümmsten Bauern haben oft die größten Kartoffeln."

Und noch eine Fahrergeschichte sei angemerkt. Nach einem Rathaus-Empfang wollten die zahlreich erschienenen offiziellen Gäste zu einer weiteren Veranstaltung fahren. Mehrere Wagen der Stadt standen dafür bereit. Als Gerhard Gaul einen der Fahrer fragte, wer denn alles mit von der Partie sein werde, wollte jener gern bereitwilligst alle Namen aufzählen. Dabei glaubte er wohl, den Repräsentanten der Stadt als erstes nennen zu müssen. „Na, zunächst mal", beschied er Gaul, „Ihre Wenigkeit, Herr Präsident!"

Und dann war da noch die Sache mit Prinz Charles, der als Marineoffizier mit seinem Schiff HMS „Bronington" im August 1976 in Lübeck war und auch dem Rathaus einen offiziellen Besuch abstattete. Dabei zeigte Gerhard Gaul dem Gast im Goldenen Buch der Hansestadt auch die Eintragung seines Vaters Prinz Philipp, der sich darin bei früherer Gelegenheit einmal zusammen mit Bundespräsident Heinrich Lübke verewigt hatte. Dabei sah Prinz Charles etwas, was bis dahin noch keinem aufgefallen war: einen dicken Tintenklecks in der Überschrift, die den Anlass und das Datum des Besuchs seines Vaters angab. Er zeigte

Mit Charme und Humor würzte Stadtpräsident Gerhard Gaul seine Reden und Empfänge

mit dem Finger auf den Klecks und fragte fröhlich: „Hat den mein Vater gemacht?“

Zum „Windbeutel“ ins Twiehaus

Israelsdorf, das war das Wochenendziel für die Lübecker in den vergangenen Jahrzehnten gewesen und ist es bis heute mit gewissen Einschränkungen geblieben. Auch wenn sich von den traditionellen Ausflugslokalen wie Muuß, Waldblick und Forsthalle nur noch das „Twiehaus“ über die Zeiten hinweg hat retten können.

Bereits 1743 wurde die Gaststätte urkundlich erstmals erwähnt. Im Laufe der Jahrzehnte wechselte sie naturgemäß mehrmals den Besitzer, bis sie 1921 der Serviermeister Hermann Twiehaus erwarb. Er machte in den 30er Jahren den „Windbeutel“ zu einer Spezialität, die inzwischen weit über Lübecks Grenzen hinaus bekannt ist. Beim Windbeutel handelt es sich um ein der schlanken Linie nicht gerade zuträgliches Gebäck, das außer einer dünnen Blätterteig-Umrandung nur aus Schlagsahne besteht. Viele Besucher aber kommen trotzdem oder gerade deswegen ins Twiehaus, um sich an diesem süßen „Viertelpfünder“ zu delektieren.

Die Blütezeit der Israelsdorfer Gastronomen, die mit ihren Kaffeegärten und fünf großen Tanzsälen einzig in Lübeck war, wurde nach der Straßenbahn-Anbindung um die Jahrhundertwende erreicht. 1897 beförderte die „Elektrische“ rund 37 000 Menschen auf der vier Kilometer langen Strecke vom Stadtzentrum ins Grüne. 1904 waren es weit über 100 000 Fahrgäste, die sich nach Israelsdorf auf den Weg gemacht hatten. Es gab in der Nähe der Vergnügungslokale sogar eine eigene Landungsbrücke, damit traveabwärts dampfende Schiffe mit Ausflüglern anlegen konnten.

Der Autor im Jahre 1948 als Flohzirkus-Direktor beim Schulfest der Oberschule zum Dom auf der Festwiese des Gesellschaftshauses Muuß in Israelsdorf

Unvergessen sind vielen Lübeckern aber auch heute noch die Schulfeste geblieben, die nach dem Kriege vornehmlich im Gesellschaftshaus Muuß veranstaltet wurden, mit Spielen auf der Festwiese, sportlichen Wettkämpfen und musikalischen Darbietungen.

Die zunehmende Motorisierung brachte allmählich das Ende für das lebhafte Treiben in Israelsdorf. Durch die gewachsene Mobilität verloren die Vergnügungslokale vor den Toren Lübecks immer mehr an Anziehungskraft.

Nicht so das Twiehaus. Bei allem modernen Komfort strahlt es dabei auch heute noch den Charme längst vergangener Zeiten aus und erinnert nach wie vor an die große Ära eines ungewöhnlichen Vergnügungsareals in Israelsdorf.

1953 übernahm die Tochter von Hermann Twiehaus, Gretchen Lechner, die Gaststätte, 1967 dann Hermann Lechner, ein Enkel des „Windbeutel"-Erfinders. 1989 wurde das Ausflugslokal durch einen Hotelanbau erweitert und zehn Jahre später an die Eheleute Karin und Hans-Gerhard Lorenzen verpachtet, die es im Sinne der Familie Lechner weiterführen, getreu dem Motto: „Tradition verpflichtet."

Werbung mit originellen Sprüchen

Wer nicht wirbt, der stirbt, lautet eine alte Faustregel im Geschäftsleben. Und so halten sich denn auch viele Firmen an diese Maxime und bemühen sich, ihre Produkte oder Dienstleistungen so originell wie möglich zu propagieren. So auch in Lübeck. Die Konservenfirma Erasco ist dabei auf den einfallsreichen Spruch verfallen: „Das Gute daran ist das Gute darin". Und die Elektrofirma Schatte macht auf sich mit dem Slogan aufmerksam: „Wo Schatte ist, da ist auch Licht." Ganz lübsch weist ein Marmorbetrieb auf seine Vorzüge hin: „Schall dat wat ut Marmor sin, denn ga man hen na Kurt Reppian."

Die meisten Friseursalons in Lübeck gibt es seit einigen Jahren in der Beckergrube. Noch halten sie sich mit großen Sprüchen zurück. Dabei gibt es doch die schöne Geschichte von den drei Friseuren, die ihre Salons ebenfalls in der gleichen Straße haben und gegenseitig um die Gunst der Kunden werben. Der eine hatte eines Tages ein Schild in sein Schaufenster gestellt mit der Aufschrift: „ Der beste Friseur in dieser Stadt." Das ließ den zweiten Friseur nicht ruhen. Er warb mit dem Satz: „Der beste Friseur im Lande". Woraufhin der dritte plakatierte: „Der beste Friseur in dieser Straße."

Dieses Konkurrenzproblem in der Werbung hatten zwei Möbelgeschäfte in Lübeck vor etlichen Jahren nun aber real auf eine ebenso amüsante wie elegante Weise gelöst. Der eine ließ an seine Möbelwagen den Spruch anbringen: „Heiratet aus Liebe und kauft die Möbel bei Möbel-Stüwe". Die Antwort der Konkurrenz ließ nicht lange auf sich warten: „Tut, was ihr wollt. Aber die Möbel kauft bei Boldt."

Senatsplakette für Günther Lüders

Bewegt und gerührt nahm Staatsschauspieler Günther Lüders am 29. Mai 1970 im Lübecker Rathaus die Senatsplakette der Hansestadt entgegen. „Ich bin ein Sohn dieser Stadt“, hatte er in seiner Dankesrede hervorgehoben, „einer Stadt, die ihre Kinder so sehr prägt, dass sie, wo immer sie auch wirken, was immer sie auch tun, als Lübecker wirken, unverkennbare Lübecker bleiben. Ich denke da in meinem Beruf an den überlebensgroßen Regisseur Jürgen Fehling, an den Schauspieler Erich Ponto. Ich denke dabei an den Maler Alfred Mahlau. Und ich denke natürlich an Thomas und Heinrich Mann. Von Golo Mann ist eine Äußerung Thomas Manns überliefert: ‚Als Kaufmannssohn glaube ich an Qualität‘. Lübecker Kaufmannssohn bin auch ich und habe mich im Sinne Thomas Manns meiner Vaterstadt zeitlebens innig verbunden gefühlt.“

Bürgermeister Werner Kock hatte bei dem Festakt im Rathaus die vielfältigen Verdienste Lüders als Schauspieler, Rezitator und Intendant gewürdigt und dabei eine für den „Bühnen-Spitzweg“ kennzeichnende Anekdote angefügt. Bei einer Ringelnatz-

Lesung, die Lüders mit leiser Stimme vorgetragen habe, sei aus dem Zuschauerraum der Zuruf ertönt: „Lauter!" Darauf Lüders: „Ich kann lauter, aber der Ringelnatz ist eben leise."

Laut und barbarisch war es dagegen in der Palmarumnacht des Jahres 1942 in Lübeck zugegangen. 300 britische Bomber

Bürgermeister Werner Kock verleiht Günther Lüders am 29. Mai 1970 im Rathaus die Senatsplakette. Im Hintergrund Stadtpräsident August Herne

hatten die Stadt in Schutt und Asche gelegt. Gertrud Fischer, die Schwester Günther Lüders' hatte den Angriff in ihrem Haus in der Roeckstraße miterlebt und berichtete darüber ihrem damals im Krieg befindlichen Bruder: „Es war so, dass man überhaupt nichts begriff. Ich dachte ganz erstarrt nur, das ist doch nicht möglich – die ganze Stadt ein einziges Flammenmeer. Zuletzt waren wir so apathisch, dass wir nur noch aus der Kellerluke guckten und, ganz dicht aneinander gekauert, auf den Einsturz unseres Hauses warteten. Es hat wirklich keinen Sinn mehr, sich jetzt noch Lübeck anzusehen, es hat gar keine Eigenart mehr." Günther Lüders ist seiner Heimatstadt dennoch stets verbunden geblieben und hat in zahlreichen Aufführungen, nicht zuletzt in dem Stück „Mein Freund Harvey", sein Lübecker Publikum immer wieder begeistert.

Als er 1975 kurz vor seinem 70. Geburtstag einem Schwächeanfall erlag, wurde ihm von einem seiner bewundernden Kritiker ein Nachruf zuteil, der die Persönlichkeit des begnadeten Mimen noch einmal in faszinierender Weise beleuchtete: „Linkisch, schüchtern und merkwürdig alterslos, entwickelte er die Gabe, durch leises Sprechen Energien zu entwickeln, die bei den Zuschauern Schmunzeln auslösten. Die

Bedächtigkeit, bei der die etwas lang geratenen Arme und Beine die hölzerne Eleganz eines Kasperle weit übertrafen, stand im Gegensatz zu seiner Mimik. Mit der langen Nase, den Luchsaugen und dem Adamsapfel wirkte Lüders wie ein ewiger Konfirmand. Wahrscheinlich war er der einzige Schauspieler, der über den sprichwörtlichen spitzen Stein der Norddeutschen stolperte, ohne zu fallen. Jedenfalls kam er nie auf die weit verbreitete Untugend, den Dialekt als Requisit zu missbrauchen. Er ging eine Synthese ein zwischen dem Unbeholfensein eines Hagestolzes und dem Pfiffigen eines Spökenkiekers."

Lotte Walther – ein Leben mit Löwen

Wenn Zirkus Krone in Lübeck gastierte, galt der herzliche Gruß von Direktor Sembach zu Beginn der Vorstellung stets einem besonderen Gast in der Ehrenloge – der Dompteuse Lotte Walther. Bevor sie 1950 nach Lübeck kam, hatte die damals 49-Jährige schon eine stolze und abenteuerliche Karriere als Löwenbändigerin hinter sich.

In den verschiedensten Zirkusarenen Deutschlands trat sie als „furchtlose Frau im Raubtierkäfig“ auf, ließ bei Zirkus Roland „Fräulein Irmgard König, ehemalige Solotänzerin vom Staatstheater Karlsruhe“, einen Tanz im Löwenkäfig zelebrieren, übernahm zwischenzeitlich einen kleinen Tierpark in Asch im Sudetenland und zog nach 1945 mit einer Tiermenagerie durch die Lande.

Im Jahre 1950 schließlich nahm sie das Angebot an, in Lübeck einen Tierpark aufzubauen. Mit ihren Löwen und einigen anderen Tieren fand sie in der Hansestadt zunächst ein sehr armseliges Gehege am Sandberg an der Kreuzung Travemünder Allee/Heiligen-Geist-Kamp vor. Bereits zwei Jahre später konnte sie umziehen. Von einem Gastronomen in Israelsdorf pachtete sie ein 3000 Quadratmeter großes Gelände, auf dem sie mit spärlichen Mitteln einen Neuanfang wagte.

Doch trotz Gründung einer Tierpark-Gesellschaft rissen die finanziellen Sorgen, die sich die „Löwen-Lotte“ um das Wohl ihrer Pfleglinge machen musste, nicht ab. 25 Jahre lang mühte sich Lotte Walther um

Lotte Walther mit ihren Löwen im Lübecker Tierpark

den Fortbestand des Lübecker Tierparks in Israeldorf, bis sie im Jahr 1976 Abschied nahm und zwei Jahre später starb.

Ihre Löwen aber blieben ihr bis zuletzt ans Herz gewachsen. Sie konnte sie nachts gleichsam atmen hören, denn ihr Domizil befand sich unmittelbar neben ihnen in einem Wohnwagen auf dem Gelände.

Ein großes Lob ist ihr bei aller immer wieder aufflammenden Kritik am dürftigen Zustand des Lübecker Tierparks dennoch beschieden gewesen. 1960 wurde sie von der Gesellschaft der Zirkusfreunde in Deutschland für ihre Verdienste um die Erhaltung und Förderung des Zirkus‘ und um die Ausbildung des Tierlehrer-Nachwuchses mit der Goldenen Ehrennadel ausgezeichnet.

Striptease vor dem „Aufklärungsfilm“

Längst ist die Hundestraße in der Lübecker Altstadt zu einer Adresse geworden, die dafür bürgt, dass es sich in pfleglich restaurierten Häusern angenehm wohnen lässt. Ein Hauch von Verruchtheit aber war ihr einige Jahre zuvor vorausgegangen. Da gab es zum Beispiel die Kneipe „Zum Gartenzwerg“, berüchtigt wegen ihrer Stammgäste, die zwischen Gefängnis und Freiheit hin- und herzupendeln pflegten und bei der Wirtin Toni Lindemann stets ein offenes Ohr für ihre Nöte und Sorgen fanden. Auch die Polizei fand sich des Öfteren im „Gartenzwerg“ ein, um Handgreiflichkeiten und allzu üppigen Orgien ein Ende zu setzen. Anfang der 80er Jahre musste die Kneipe schließen, nicht zuletzt aufgrund von Beschwerden vieler Anwohner, die sich durch das lautstarke Treiben in und vor der Gaststätte empfindlich in ihrer Nachtruhe gestört fühlten.

Und dann war da noch, ein paar Schritte die Straße weiter hinunter, das Roxy-Kino, das am 24. Juli 1951 mit dem Film „Zigeunerbaron“ eröffnet wurde. In den Hauptrollen waren Adolf Wohlbrück, Hansi Knoteck und Rudolf Platte zu sehen.

Doch mit Baronen, gleich welcher Art, war in der Hundestraße kein Staat, noch weniger ein Geschäft zu machen. Kinobesitzer Fritz Zimmermann sah sich deshalb schon bald bemüßigt, nackten Tatsachen Rechnung zu tragen und das Programm etwas freizügiger zu gestalten. Er führte das

Die Lübecker Kinobesitzer und Theaterleiter mit ihren Angehörigen auf einer Weihnachtsfeier in den 50er Jahren
v.l.n.r. 1. Reihe: Helmuth Ehrich (Eden), Gustav Riechey (Hansa), Kley sen. (Palast, Bad Schwartau), Minna Kirch (City), Artur Mest (Zentral), Gotthard Max Krüger (Ultra), Albert Kieft und Wilhelm Griesshammer (Hoffnung). Auf der Treppe: Hinter Kuyper: Ursula Mest, dahinter Gertrud Mest und dahinter Karl Mest. 2. Reihe: Bruno Wieland (Rio), Siegfried und Marie Stanitz (Holstentor), Bernhard Kuyper (City), Wilhelm Hagen (Capitol), Hans Heinemann und Heinz Fraunknecht (Gloria)

erste Sex-Kino in Lübeck ein. Und es sollte ein Erfolg werden, Die Besucher strömten nur so ins Roxy, das mit seinen nur 192 Plätzen ohnehin schon für eine gewisse intime Atmosphäre sorgte. Der Clou eines jeden Abends war dabei der Auftritt der Schönheitstänzerin Clarissa Caspary, die sich vor Beginn des Films auf einem kleinen Podium neben der Leinwand in aller Freizügigkeit präsentierte.

In Erzählungen ist überliefert, dass die Schönheitstänzerin, nachdem sie einer Badewanne entstieg, die männlichen Zuschauer so hingerissen habe, dass diese mitsamt ihrer Stuhlreihe umkippten. In Erinnerung geblieben ist auch die Frau des Kinobesitzers, die während der Vorstellung mit dem Kohleneimer durch den Zuschauerraum ging, um den Kanonenofen zu befeuern. Bruno Wieland, der 1956 das inzwischen in „Rio" umbenannte Kino übernahm, über einen der „Sitten- und Aufklärungsfilme", wie die losen Streifen damals genannt wurden: „Die Handlung war recht belanglos. Im Film gab es aber eine ganz kurze Szene, die einen Tannenwald zeigte, durch den zwei nackte Frauen gingen. Besonders viel zu sehen war da nicht. Dennoch war der Film ein großer Publikumsrenner und lief mehrere Wochen lang. Einige Herren kauften regelmäßig Karten für jede Vorstellung.

Nicht, dass sie sich den Film ganz angesehen hätten – sie kamen immer nur wegen der einen Szene im Tannenwald“.

Mit den Jahren veränderte sich die Einwohnerstruktur in der Hundestraße merklich. Immer mehr ausländische Arbeitnehmer mit ihren Familien siedelten sich hier an und sahen sich aus ihren Ländern importierte Filme in der Originalsprache an. Für deutsche Sexfilme war da kein Platz mehr. Im Jahre 1971 schloss das „Rio“ seine Pforten.

Eröffnungsanzeige des Roxy-Kinos am 24. Juli 1951 in der Lübecker Freien Presse.

Herr Direktor ließ bitten

Viele Geschichten ranken sich um den früheren Direktor der Lübecker Ernestinenschule, Dr. Kurt Haß. Die Schule, die im Jahre 2004 ihr 200-jähriges Bestehen feiert, war bis 1982 ein reines Mädchen-Gymnasium. Und in ihm führte Direktor Haß ein strenges Regiment.

Peter Guttkuhn, der im Jahre 1967 als junger Studien-Assessor an die Schule berufen wurde, weiß sich an so manche Episode von damals zu erinnern. Seit 1945 war es hier zur verpflichtenden Tradition geworden, dass jeder Neue im Kollegium der Ernestinenschule umgehend zu einem förmlichen Antrittsbesuch in der direktoralen Privatwohnung vor dem Mühlentor erwartet wurde. Sonntag, Punkt 11 Uhr, in Schwarz, weiße Handschuhe, Hut und mit einem kleinen Sträußchen für die gnädige Frau Gemahlin. Vorfahrt am besten mit dem Taxi.

„Nachdem ich nun schon seit sechs Wochen pünktlich, korrekt, beschwerdefrei meinen Dienst- und Amtsgeschäften nachgegangen war", erzählt Peter Guttkuhn, „und mich noch immer nicht zum Antrittsbesuch hatte durchringen können – ich vertrat damals die unbekümmerte assessorale

Meinung, dass zwischen ihm und mir alles Wesentliche bereits gesagt worden war und eine derart aufwändige Inszenierung unnötig sei – pirschte sich während einer Freistunde im Lehrerzimmer Fräulein G., seine Vertreterin im Amt, behutsam, aber zielgerichtet an den störrischen jungen Kollegen. Der Herr Direktor sei erstaunt über dieses einzigartige Verhalten. Ob mich denn die jüngeren Kollegen nicht eingeweiht hätten in die verbindlichen Usancen an der Schule. Sie selbst empfehle dringend, sowohl dienstlich als auch persönlich, das Versäumnis so schnell wie möglich nachzuholen."

Doch Peter Guttkuhn brach mit der Tradition, zum nachhaltigen Ärger des Direktors. Und seither entfielen die Antrittsbesuche.

Antreten freilich musste der Assessor kurze Zeit später zu einer Lehrerkonferenz, die von Kurt Haß auf den letzten schulfreien Sonnabend am Ende der Sommerferien anberaumt worden war. Denn der Direktor pflegte solche Konferenzen stets auf den letzten Ferientag zu legen, um dafür keine Stunde am ersten Schultag opfern zu müssen.

Peter Guttkuhn war an diesem Tage guter Zuversicht gewesen, den für 16 Uhr festgesetzten Termin einhalten zu können, nachdem er im Anschluss an einen Kurzbesuch in Teheran den Rückflug in Richtung Hamburg angetreten hatte. Doch widrige Winde und andere Verzögerungen verhinderten die rechtzeitige Ankunft in Lübeck.

„Die Uhr stand auf 16.15", erinnert sich Guttkuhn, „als ein sonnenverbrannter, verschwitzter und entnervter Studienenassessor, direkt aus dem 40 Grad heißen Persien kommt, das dunkle, kühle Schulhaus betrat: mit einem schweren Koffer in der Hand, barfüßig in Sandalen und in kurzen Hosen. Niemals zuvor ist je ein Untergebener in einem solchen Aufzug zu einer dienstlichen Veranstaltung vor Direktor Haß getreten. Der hatte auf das zögerliche Klopfen mit einem lauten und deutlichen Ja! geantwortet, und schon stand der Delinquent vor dem amüsiert lächelnden Kollegium, das, auf den Stühlchen der Sextanerinnen hockend, von einem empört dreinschauenden Direktor bewacht wurde."

Guttkuhns Versuch, die Verspätung zu erklären und sich dafür zu entschuldigen, wurde mit einem Satz niedergeschmettert: „Wir sehen uns nach der Konferenz in meinem Zimmer!"

Den Verstoß gegen die Kleiderordnung mochte der Direktor noch so eben hinnehmen. Aber die Verspätung – unmöglich. Nach einem dreiviertel Jahr wurde Guttkuhn von Dr. Haß dennoch aufgefordert, vor der gesamten Oberstufe in der Aula einen Reisebericht zu erstatten.

Und dann das Ritual, das sich alljährlich zum Geburtstag des Direktors abspielte. Es war der 17. September, der von den Lehrkräften häufig sogar mit Herzklopfen erwartet wurde. Denn an diesem Tag gab es so etwas wie Zeugnisse für das Kollegium. Es waren die berühmt-berüchtigten kleinen rosa Zettelchen, aber auch die Din-A-5-formatigen Vordrucke, die der Hausmeister während der ersten Schulstunde in den Fächern der Lehrer ablegte. Beide hatten es in sich. Genauer, es kam auf die Anrede des Einladenden an. „Sehr geehrter ... oder Lieber ...“, das war hier die Frage.

Wer als „Sehr geehrter ...“ während seiner Freistunde ins Direktor-Zimmer bestellt wurde, der oder die wusste sehr genau, dass Herr Kurt Haß während des vergangenen Jahres viel auszusetzen gehabt hatte an seiner oder ihrer Amtsführung. Wer hingegen als „Lieber Herr, Frau, Fräulein ...“ tituliert worden war, konnte erhobenen Hauptes durchs Vorzimmer von Frl. Grimm ins Heiligtum von Herrn Haß schreiten. In der Ernestinenschule konnte man übrigens nur durch Grimm zu Haß gelangen.

Über den eigentlichen Verlauf der Geburtstagszeremonie berichtet Peter Guttkuhn:

„Man gratulierte, setzte sich aufs Direktor-Sofa, bekam ein Glas Sekt und durfte ein bis drei Salzstangen vom runden Tisch nehmen. Das Gespräch verlief steif und stockend. Es musste ja jeweils derjenige Teil des Kollegiums durchgeschleust werden, der am 17. September eine Freistunde und möglichst keine Pausenaufsicht hatte. Nach einer Viertelstunde hatte man die Prozedur durchgestanden und wusste abermals die Verhältnisse einzuschätzen. Doch wenn man auch nur ein „Sehr geehrter“ gewesen war, so konnte man‘s im nächsten Jahr durchaus zum „Lieben“ bringen.

Eine Bockwurst vom „Bankvorsteher“

Es gehörte nach einem Theaterbesuch oder einem nächtlichen Bummel durch die Lübecker Altstadt einfach dazu, dass man beim Wurstmaxen am Kohlmarkt noch einmal vorbeischaute. Denn nirgends sonst konnte man zu fortgeschrittener Stunde noch eine so leckere Bockwurst verkosten wie am Stand von Wolfgang Rönnpage.

Alle Welt gab sich hier nächtens ein Stelldichein – Taxifahrer, Studenten, Schauspieler, Senatoren und Gastwirte, um nicht nur in eine knackige Bockwurst zu beißen, sondern sich auch an den kernig humorvollen Sprüchen des „Bankvorstehers“ zu ergötzen. Denn dies war er im übertragenen Sinne des Wortes tatsächlich, hatte er sich mit seinem Wurststand doch unmittelbar vor der Handelsbank in Lübeck (heute Deutsche Bank) postiert und mit dem damaligen Bankchef Dr. Dieter Hagenström vereinbart: „Die Bank verkauft keine Wurst, und ich gebe keinen Kredit.“ 35 Jahre lang, von 1956 bis 1991, stand Wolfgang Rönnpage jeden Wochentag von 21 bis 2 Uhr nachts bei Wind und Wetter am Kohlmarkt, verkaufte Bockwurst und ließ so manch einen

Nachtschwärmer, der vielleicht griesgrämig zu ihm gekommen war, mit einer heiteren Lebensweisheit wieder davonziehen. Dabei hatte Wolfgang Rönnpage alles andere im Sinn gehabt, als den Wurstmaxen zu spielen. Er hatte Mechaniker gelernt und eine Anstellung in Mülheim gefunden, als ihn sein Vater bat, doch die seit über 60 Jahren bestehende Familientradition des Würstchenverkaufs fortzusetzen.

Bereits 1931 war Vater Wilhelm Rönnpage mit dem Wurstkessel durch Lübeck gezogen, und nach 1945 hatte ihn sein Sohn oftmals auf seinen Touren begleiten müssen.

„Ich habe mich dafür nicht selten geschämt", erinnert sich der heute 76-Jährige mit dem Lächeln eines Weisen, der mit dem spontanen Entschluss, der Bitte seines Vaters damals zu folgen und den Mechaniker-Beruf an den Nagel zu hängen, vielen Menschen gewiss unendlich mehr Vergnügen bereitet hat, als wenn er bei seinem ursprünglichen Metier geblieben wäre.

„Dieser Laden bringt nichts ein. Macht aber Spaß!" stand auf einem Schild im Wurstwagen des „Bankvorstehers". Und so sieht es Wolfgang Rönnpage in der Rückschau auch heute noch.

Jonny – die Fußball-Legende des VfB Lübeck

Kaum einem anderen Spieler des VfB Lübeck, der derzeit wieder in der Regionalliga kickt, ist soviel Zuneigung zuteil geworden wie dem Torwart Jonny Felgenhauer. Er war ein Idol, eine Kultfigur, schon zu Lebzeiten eine Legende. Bewundert von seinen Anhängern, wie er die Bälle noch mit den Fingerspitzen aus dem Kasten fischte und, wenn seine Stürmer aufs gegnerische Tor zueilten, mit den Fans Späße machte oder ihnen sogar Autogramme gab.

Der gebürtige Hamburger, der in Berlin aufwuchs, kam 1945 an die Trave, schloss sich noch im gleichen Jahr dem VfB an und sollte für lange Jahre der Stammkeeper der Grün-Weißen bleiben. Die Lohmühle, das von vielen Auswärts-Mannschaften gefürchtete VfB-Stadion, wurde zu seinem zweiten Zuhause. Hier vollbrachte er oft wahre Glanztaten, um seiner Elf den Sieg sichern zu helfen. „Er konnte nicht verlieren", erinnert sich VfB-Wirtschaftsrats-Vorsitzender Günter Schütt, der einst auch zum robusten Mittelfeld des Lohmühlen-Teams gehörte, „mit der einen Faust boxte er den Ball weg, mit der anderen bekamen die eigenen ihm zu nahe stehenden Spieler auch schon mal einen kräftigen Schlag in den Nacken."

Dabei hatte alles sehr bescheiden begonnen. Jonny spielte anfangs nur auf Socken, weil nach Kriegsende nur einer seiner Fußballschuhe noch aufzufinden gewesen war. Mit seinem Verein fuhr er seinerzeit wiederholt zu den so genannten Kalorienspielen nach Gelsenkirchen, Oberhausen und Meiderich und brachte von dort Kartoffeln für die hungernde Familie mit. Reich werden konnte man damals als Fußballer ohnehin nicht. Es gab ein Grundgehalt von 80 Mark, das bei Siegen oder Unentschieden dann noch einmal um ein paar Zehner aufgestockt wurde. Ablösesummen waren damals noch ein Fremdwort.

Der Großzügigkeit des Vereins war es damals zu verdanken gewesen, dass Jonny Felgenhauer vor seiner Hochzeit einen Kredit von 300 Mark hatte aufnehmen können, den er dann in langfristigen Raten hatte zurückzahlen müssen. Tagsüber arbeitete der Torwart als Verkehrspolizist, um keinen Spätdienst schieben zu müssen. Denn am Abend wurde trainiert, da wollte er nicht fehlen. Er war ein Sportsmann durch und durch, stand auch im Handball-Tor und wurde im Alter von 53 Jahren mit den VfB-Faustballern Dritter bei den Deutschen Meisterschaften.

Jonny, wie ihn die Fans kannten und liebten – hier bei einer Abwehrparade in einem VfB-Spiel auf der Lohmühle im März 1960

Jonny war die Seele des Vereins. Er stand für den Aufbruch nach dem Krieg. Er war der Toni Turek der Region, ein Vorbild für die Jugend, wie VfB-Vorsitzender Wolfgang Piest anlässlich der Trauerfeier für den am 25. Mai 2002 verstorbenen Jonny Felgenhauer feststellte. Posthum wurde ihm noch eine ganz besondere Ehre zuteil. Eine vor dem Stadion verlaufene kleine Straße wurde nach seinem Namen benannt.

Ein Hotel wurde zum höchsten Leuchtturm der Welt

Heftige Proteste regten sich in Lübeck zu Beginn der 70er Jahre gegen den Bau eines über 100 Meter hohen Hotelturms in Travemünde. Bürgerinitiativen gründeten sich, die mit Flugblättern und auf Demonstrationen dazu aufriefen, die Errichtung des Betonklotzes zu verhindern. Er würde, so hieß es, das Entree zum Ostseebad in seiner Besonderheit empfindlich stören und das gewachsene kleingliedrige Häuserensemble Travemündes nachhaltig beeinträchtigen. Lübecks schönste Tochter würde gleichsam zu einem Aschenputtel werden.

Das Maritim-Hotel wurde dennoch gebaut, nicht zuletzt in Hinblick auf die Besucherrückgänge, die das Ostseebad in den Jahren zuvor hatte registrieren müssen. Mit dem Bau des Hotels hoffte man nicht nur, mehr zahlungskräftige Urlauber an die See zu locken, sondern auch Teilnehmern von Tagungen und Kongressen den Aufenthalt am Meer schmackhaft zu machen. Im Juli 1973 war der 108 Meter hohe Hotelturm mit 500 Betten und 320 Appartements fertig gestellt. Und die Rechnung ist bis heute durchweg positiv aufgegangen.

Nicht immer freilich lief der Betrieb

Das Maritim-Hotel im Bau. Am 1. Juni 1972 nahmen Bürgermeister Werner Kock, Senatoren und Bürgerschafts-Abgeordnete den Fortschritt der Arbeiten in Augenschein

völlig reibungslos ab. Anlässlich des 20-jährigen Bestehens des Maritim-Hotels erinnerten sich Mitarbeiter an zurückliegende Vorkommnisse, die schon für allerlei Aufregung gesorgt hatten.

So zum Beispiel, als eine Lübecker Firma im Hotel eine Tagung veranstaltet hatte, zu der auch 400 Skandinavier geladen waren. Sie freilich hinterließen eine Spur der Verwüstung in der Nobel-Herberge. Zehn Zimmer mussten nach ihrem nächtlichen Gelage komplett renoviert werden. Die Schadensersatz-Prozesse zogen sich noch über zweieinhalb Jahre nach diesem Vorfall hin.

Oder die Geschichte mit dem verärgerten Gast, der sich erbost darüber zeigte, dass ihm auf der Nichtraucher-Etage das Schmöken verwehrt wurde. Missgelaunt warf er seine Kippe kurzerhand in einen Wäschewagen. Sogleich sprang die Sprinkler-Anlage an und setzte die ganze Etage unter Wasser. „Das war nachts um drei Uhr“, erinnerte sich ein Mitarbeiter des Hauses, „wir haben die betroffenen Gäste in die Bar zu Schnittchen

Das Maritim-Hotel heute. Links daneben der alte Leuchtturm, im Vordergrund die 1957 außer Dienst gestellte Viermastbark „Passat“

und Sekt eingeladen, und um 5 Uhr konnten sie wieder in ihre Betten."

Für einigen Wirbel hatte auch der Besuch des französischen Staatspräsidenten Giscard d'Estaing gesorgt, der dem Hotel in Begleitung des schleswig-holsteinischen Ministerpräsidenten Gerhard Stoltenberg die Ehre gegeben hatte. Tagelang zuvor hatte man sich Gedanken darüber gemacht, was man dem hohen Gast an Köstlichkeiten zum Frühstück servieren könne. Und dann die große Enttäuschung: Der Staatspräsident begnügte sich mit zwei Scheiben Toast und einer Tasse Kaffee.

Geschichten aus einem Grandhotel, das in seinem über 30-jährigen Bestehen Gott und die Welt zu Gast gesehen hat. Eine ungewöhnliche Besonderheit hat das Travemünder Maritim überdies noch aufzubieten. Das Hotel nämlich stellt gleichsam den höchsten Leuchtturm der Welt dar. Im obersten Geschoss wurde seinerzeit eine Leuchtfeuerlaterne installiert, die den nach Lübeck einfahrenden Schiffen schon über eine Distanz von 19 Seemeilen hinweg die Richtung weist. Zugleich hatte damit der zu Füßen des Hotels stehende jahrhundertealte Leuchtturm ausgedient.

„Kringelhöge" – das Fest der Stecknitz-Fahrer

Alljährlich im Januar findet in Lübeck die „Kringelhöge" statt, eines der ältesten Festmahle Europas. Zu diesem Treffen versammeln sich die Mitglieder des Amtes der Stecknitz-Fahrer, einer Korporation, die seit über 600 Jahren Bestand hat. Heute gesellen sich ihnen zu dieser Zeremonie viele Honoratioren der Stadt und Binnenschiffer aus halb Europa dazu.

Der Stecknitz-Kanal, Ende des 13. Jahrhunderts geschaffen und mit seinen 17 Kammerschleusen der älteste künstliche

Kringelhöge im Jahre 1966: Links der damalige Bausenator Adolf Ehrtmann, daneben die Vorstandsmitglieder der Stecknitz-Fahrer.

Wasserlauf Europas, verband einst die Salzstadt Lüneburg mit Lübeck. Auf dem Weg zur Trave waren jedoch einige Hindernisse zu überwinden gewesen. Das Problem beim Kanalbau bestand darin, auf der 97 Kilometer langen Strecke einen Höhenunterschied von 16 Metern zu überwinden. Und dazu waren 17 Kammerschleusen nötig.

Transportiert wurde das Salz auf so genannten Prahmen, die vom Uferweg aus getreidelt (gezogen) wurden. Das „weiße Gold des Nordens" wurde in den Lübecker Salzspeichern zwischengelagert und anschließend zur Konservierung der Fische nach Skandinavien expediert. Mit dem Treideln hatte es ein Ende, als im Juni 1900 der Elbe-Trave-Kanal eingeweiht wurde, der weitgehend dem Streckenverlauf des früheren Stecknitz-Kanals folgte.

Geblieben ist die „Kringelhöge", deren Ablauf sich noch immer nach der Festordnung aus dem Jahre 1426 richtet. Am Vormittag des eigentlichen Festtages finden nur Herren zusammen. Jeder hat sein Frühstück mitzubringen und vorher beim Schaffer abzugeben. Zum rustikalen Imbiss wird anschließend Braunbier in hohen Krügen gereicht. „Ik drink di to", sagt dann der erste Zecher zum Nachbarn, worauf jener nach alter Tradition erwidert: „Dat do!"

Natürlich trinkt man sich häufiger zu, und wenn ein Nebenmann mit dem Satz „I mag nich mehr“ schlapp machen sollte, ergreift in der Regel sein Nachbar den Becher mit den Worten „Lang mi mal her!“

Nach den offiziellen Reden bringen Schaffer Tabak auf Zinntellern. Geraucht werden darf nur aus langen Tonpfeifen. Abends dürfen auch die Frauen bei dieser Traditions-Veranstaltung dabei sein, die mit einem plattdeutschen Gottesdienst am nächsten Tag endet. Woher der Name „Kringelhöge“ stammt, lässt sich nur vermuten. Fest steht, dass die Waisenkinder der Stadt in früheren Jahrhunderten zum Fest der Stecknitz-Fahrer Kringel, ein süßes Gebäck, zum Geschenk erhielten. Die Kinder freuten sich darüber, und da das niederdeutsche Wort „högen“ mit „sich freuen“ gleichzusetzen ist, kann daraus geschlossen werden, dass so der Name „Kringelhöge“ entstanden ist.

Das Fest der „Ostfriesennerze“

Als Fest der „Ostfriesennerze“ ist das 2. Lübecker Altstadtfest im Jahre 1977 in die Geschichte eingegangen. Stundenlang ergoss sich der Regen an diesem zweiten September-Wochenende über die rund 400 000 Besucher, was der allgemeinen Freude am Feiern aber dennoch nur wenig Abbruch tat. Mit Regenschirmen und gelben Öljacken – den so genannten „Ostfriesennerzen“ – trotzte man den Naturgewalten und warf sich mitten hinein ins grau bunte Getümmel. Manch einer wusste aus der Not sogar noch eine Tugend zu machen, wie die Elektroartikel-Firma Warter in der Breiten Straße zum Beispiel. Statt Schallplatten feilzubieten, hatte das Geschäft spontan umdisponiert und gelbe Öljacken auf die Verkaufstische gelegt. Zwei Stunden nach Festbeginn waren 150 von 200 Friesennerzen bereits verkauft.

Glücklich auch, wer einen kleinen Ofen besaß, um kalte Getränke im Handumdrehen in warme zu verwandeln. Beim „Kulmbacher“ in der Fleischhauerstraße sollte eigentlich Eis angeboten werden, aber stattdessen gab es dann unter gelb-weißen Sonnenschirmen, die erfreulicherweise auch den Regen abhielten – Glühwein, heiß begehrt und heiß getrunken.

Ungeahnter Andrang herrschte auch an den Buden von „Berliner Kindl-Pils“, nachdem die Besucher entdeckt hatten, dass die Berliner Pickelhaube aus Plastik (das Stück zu drei Mark) bei Regen eine hervorragende Kopfbedeckung abgab. In Rekordzeit waren 3000 Helme an den Mann gebracht. Unbeeindruckt vom prasselnden Segen von oben zeigte sich der Korbflechter Eberhard Köhnke, der in der Beckergrube

Ihnen konnte das Wetter nichts anhaben – im Schweinsgalopp ging’s rund

Niemand entwickelte beim Würstchenbraten soviel Qualm wie die Feuerwehr. Zeitweilig sah es aus, als stünde die nachgebaute Fassade der Alten Feuerwache am Schrangen in Flammen und müsste dringend gelöscht werden

seine Künste vorführte. Seinen Zuschauern erklärte er gut gelaunt: „Meine Weidenruten müssen ständig im Nassen liegen, damit sie biegsam bleiben."

Für Erni Wallfahr aus Groß Sarau hingegen blieb der erhoffte Regen-Profit aus. Die von ihr in der Beckergrube zum reduzierten Preis von fünf Mark angepriesenen Regenschirme fanden nicht den ersehnten Absatz. „Denn", so Erni Wallfahr, „fast alle Besucher haben ihre Schirme schon von zu Hause mitgebracht." Viel Mühe mit Wind und Wetter hatte auch der Feuerschlucker Dschaipur auf der Bühne am Koberg. Mehrfach blies ihm der Sturm das Feuer ins Gesicht. Dschaipur wischte es zwar immer wieder mit scheinbar leichter Hand weg, musste letztlich aber dennoch aufgeben, als ein besonders heftiger Regenguss den Flammen endgültig den Garaus machte.

Es war ein Fest der Superlative, resümierten am Ende die „Lübecker Nachrichten: „Es herrschte die denkbar beste Laune bei denkbar schlechtestem Wetter."

Pyjama-Punsch im Heiligen-Geist-Hospital

Wenn der traditionelle Weihnachtsmarkt des Lübecker Verbandes „Frau und Kultur“ jeweils am Freitag vor dem 1. Advent im Heiligen-Geist-Hospital eröffnet wird, dann beginnt in Lübeck die eigentliche Weihnachtszeit. Seit 1967 lassen sich jährlich weit über 50 000 Besucher vom Zauber dieses elf Tage dauernden Marktes gefangen nehmen, vom Duft des Tannengrüns, der Waffeln, Bienenwachskerzen und des Punsches, der verführerisch durch die alten Gemäuer zieht.

Ebenso sehr lassen sich die Besucher natürlich auch faszinieren vom Angebot der über 200 Kunsthandwerker aus dem In- und Ausland, die ihre Produkte in der Kirchenvorhalle, dem Langhaus mit den so genannten „Kabäuschen“ und im Kellergewölbe anbieten. Der Reinerlös des Weihnachtsmarktes kommt in voller Höhe kulturellen und sozialen Zwecken in Lübeck zu. Allein in den vergangenen 15 Jahren hat der Lübecker Verband dafür weit über 1,2 Millionen Euro zur Verfügung gestellt.

Das Heiligen-Geist-Hospital ist Ende des 13. Jahrhunderts für die Aufnahme armer und pflegebedürftiger Lübecker errichtet worden. Es erfüllt seinen Zweck als Altenheim auch heute noch, wenngleich in einem Trakt neben dem eigentlichen Hospital inzwischen neue, moderne Wohnungen eingerichtet wurden. Im Jahre 1820 wurden im Langhaus die hölzernen Wohnkammern („Kabäuschen") aufgestellt. In vier langen Reihen mit zwei Gängen, streng getrennt nach Geschlechtern, bewohnten die Frauen den nördlichen und die Männer den südlichen Gangbereich.

Bis dahin hatten die Betten der Hospitalbewohner frei in der Halle gestanden. Noch bis 1970 hatten etliche Bewohner ihre Schlafstatt samt all ihrer Habe in diesen

Weihnachtsmarkt des Verbandes Frau und Kultur in der Kirchenvorhalle des Heiligen-Geist-Hospitals

nur knapp vier Quadratmeter großen Kabäuschen. Seitdem dürfen auch sie sich moderneren Wohnkomforts erfreuen.

Der hintere Gang zwischen den Kabäuschen ist während des Weihnachtsmarktes von den ausstellenden Kunsthandwerkern nicht belegt, denn er ist ein wichtiger Zugangsweg zum Speisesaal der Bewohner, die oft mit Hilfe ihrer kleinen Gehwagen zum ersehnten Ziel kommen sollen. An dieser wichtigen „Transitstrecke" befindet sich am äußersten Ende eine sehr einträgliche Umsatz- und Anlaufstelle des Weihnachtsmarkts: der Punschstand. Drei große Behälter in Einweckautomaten-Dimension halten den köstlich duftenden Trank für alle durchgefrorenen Besucher bereit, und ein Verweilen in den gegenüberliegenden Kabäuschen auf hölzernen Bänken lädt zu willkommenem Verschnaufen inmitten vielfältiger Begegnungen ein. Etliche dieser zehn Liter fassenden Gefäße werden täglich geleert. Einer der Töpfe muss jedoch gefüllt gehalten werden, auch wenn es gegen 19 Uhr geht und die Schlussglocke des Marktes geläutet hat. Das Erwärmen des Punsches am folgenden Tag geschieht langsam, und auch wenn um 10.30 Uhr noch keine große Nachfrage herrscht – der Duft regt den Appetit an, und Punsch gehört nun einmal zum Weihnachtsmarkt wie die Mandel zum Lebkuchen. Da geschah es nun eines Abends – der Besucherstrom war längst verebbt und vorweihnachtliche Stille hatte sich in der großen Halle ausgebreitet – dass ein Heimbewohner noch einmal seine Runde über die „Transitstrecke“ drehte und dabei des Kübels am Punschstand ansichtig wurde. Unbeobachtet gönnte er sich einen kleinen Schluck, und weil es ihm so gut gemundet hatte, noch einen zweiten.

Schon bald war er nicht mehr allein. Zwei ältere Damen kamen auf ihrer kleinen Promenade vor dem Schlafengehen des Weges und fanden ebenfalls großen Gefallen an dem Gute-Nacht-Trunk. Rasch rief man noch Willi, Heinrich und Martha herbei, die auch noch nicht so rechte Ruhe hatten finden können. In Pyjamas und Morgenmänteln, mit Nachtmütze und Schlurfpuschen angetan, eilten sie herbei, um dieser ungewöhnlichen Vorweihnachtsparty teilhaftig zu werden.

Immer ausgelassener wurde die Stimmung, bis schließlich zwei Pflegekräfte des Heims auf das muntere Treiben am Punschstand aufmerksam wurden und dem nächtlichen Spuk ein Ende setzten. Der Punschkübel steht zwar nach wie vor vollgefüllt für den nächsten Morgen bereit, wird seitdem aber in einem der Kabäuschen die Nacht über vorsorglich unter Verschluss gehalten.

Zur Weihnachtsfeier gab es saure Schokoladensuppe

Seit über 50 Jahren ist die Lübecker Knaben-Kantorei ein fester Bestandteil im kulturellen Leben der Hansestadt. Durch regelmäßige Konzerte in der Lübecker Marienkirche, aber auch auf Tourneen im In- und Ausland hat sich der Chor inzwischen einen exzellenten Namen erworben. Aller Anfang ist schwer. Das galt auch für die Kantorei, die 1947 an der Oberschule zum Dom von Studienrat Georg Goebel gegründet wurde. Noch waren die Nachwehen des Krieges unvermindert spürbar. Man fror und hungerte sich durch und lebte vom Fünkchen Hoffnung auf eine bessere Zukunft. Zu Beginn des Jahres 1947 musste der Unterricht an Lübecks Schulen sogar gänzlich ausfallen, weil keine Kohlen für die Heizung vorhanden waren.

Die Jungen des im Kriege zerstörten Schulgebäudes der OzD wurden vorerst im Katharineum unterrichtet. Hier erhielten sie alle zwei Tage auch einen Schlag Schulspeisung. Die Proben für die jungen Sänger fanden anfangs in ungeheizten Räumen statt. Mit Mantel und Mütze angetan saßen die Knaben im Musiksaal des Katharineums zusammen und sangen nach Noten, die

Einen ungewöhnlichen Auftritt hatten die Jungen der Lübecker Knaben-Kantorei unter ihrem Leiter Hans-Jürgen Wille beim verregneten Lübecker Altstadtfest 1977 auf dem Markt

sie selbst nach entsprechenden Vorlagen in ihre Stimmhefte eingetragen hatten. Denn gedruckte Chornoten gab es seinerzeit noch nicht. Gelegentlich probte man auch in Goebels Wohnung in der Pleskowstraße, oder genauer gesagt, in der Küche, weil hier der Gasbackofen angezündet werden konnte und kuschelige Wärme verbreitete.

Bereits in den Pfingstferien 1947 startete der neu gegründete Chor zu einem Singewochenende in die Hüttener Berge nahe Schleswig. Man gab zwei kleine Konzerte, nahm statt des Beifalls aber viel lieber die Einladungen der Bauern umliegender Dörfer zum Mittagessen entgegen, um sich dort nach Kräften verwöhnen zu lassen. Zusätzlich von Mormonen aus Amerika zur Verfügung gestellte Lebensmittel taten ein übriges, um die Jungen langsam wieder zu Kräften kommen zu lassen.

Das erste Konzert der Kantorei an der Oberschule zum Dom in Lübeck fand zu Weihnachten 1947 in der Reformierten Kirche in der Königstraße statt. Anschließend ging's zur Weihnachtsfeier in den Großen Saal der schräg gegenüber befindlichen Gesellschaft zur Beförderung gemeinnütziger Tätigkeit. Als Festschmaus sollte es Schokoladensuppe geben, Kübelreste aus der vortags verabreichten Schulspeisung. Doch die Mienen der Chorknaben verzogen sich sehr schnell zu säuerlichen Grimassen – die Suppe selbst war mittlerweile sauer geworden.

Im Jahre 1948 vollzog sich ein Namenswechsel des Knabenchores. Im Rahmen der damaligen Schulreform wurde die sechsjährige Grundschule eingeführt, wodurch den Gymnasien die Sexten und Quinten genommen wurden. Das wiederum hatte zur Folge, dass die Knabenstimmen künftig aus allen Lübecker Volksschulen ausgewählt wurden. So entstand die „Lübecker Kantorei", die 1954 dann endgültig in „Lübecker Knaben-Kantorei" umbenannt wurde.

In jenem Jahr begab man sich auf Einladung des Südschwedischen Journalistenverbandes erstmals auf eine Auslandsreise. Rund 70 junge Sänger reisten damals mit der „Drottning Viktoria“ nach Malmö, machten unterwegs an Deck noch Bekanntschaft mit dem „Seeteufel“ Graf Luckner, der vor ihren erstaunten Augen mit seinen mächtigen Pranken ein dickes Telefonbuch zerriss, und freuten sich auf die bevorstehenden Auftritte auf dem Rathausplatz und im Sportstadion.

Doch kurz nach der Ankunft in Malmö fuhr dem Leiter der Kantorei der Schreck in die Glieder. Groß angekündigt war in der Stadt auch ein geistliches Konzert der Kantorei. Dafür hatte man jedoch keine Noten mit eingepackt. An eine Absage des Konzerts war aber nicht mehr zu denken. Kurz entschlossen setzte Goebel einen Kantoristen auf den nächstbesten Dampfer zurück nach Lübeck, um die fehlenden Noten herbeizuschaffen. Und er kam rechtzeitig genug wieder zurück – mit dem Notenkoffer in der Hand. Das Konzert konnte stattfinden. Kleine Episoden aus der Geschichte eines Chores, der für eine Reihe von Sängern zur Grundlage ihres beruflichen Lebens wurde, der aber auch in anderer Weise seine spürbare Prägung und eine lang wirkende Bereicherung für das private und berufliche Leben gehabt hat – und weiter haben wird.

Aus dem Reichtum des Herzens Hilfe geleistet

Mit 19 Jahren zog er in die Welt hinaus, um in der Fremde sein Glück zu machen. Einige Wochen zuvor, ehe er am 26. Juli 1900 mit dem Auswandererschiff „Palatia" in den Hafen von Veracruz in Mexiko einlief, war er noch einmal über die Lübecker Wallanlagen gegangen und hatte sich im Angesicht der sieben Türme gelobt, erst dann wieder zurückzukehren, wenn er zu einigem Vermögen gekommen sei. Rudolf Groth, der sich später mit Vornamen Rodolfo nannte, machte sein Gelöbnis wahr.

Der junge Kaufmannsgehilfe stürzte sich in Mexiko voller Tatendrang ins geschäftliche Leben. Hier wurde nach dem Faktoreiprinzip gearbeitet, von Haushaltswaren über Eisenbahnen bis zu Bankgeschäften – in allen Bereichen musste er sich auskennen. Mit seinem wachen Instinkt für das Wesentliche brachte er es schon bald soweit, Mitinhaber einer Firma von 180 Angestellten zu werden. Er beteiligte sich am Walfang, erwarb Gold- und Silbergruben, eine Samtfabrik und stieg ins Ölgeschäft ein.

Als er eigenständig entscheiden konnte, verwirklichte er bereits viele Ideen, die sein sozialpolitisches Engagement erkennen ließen. So gab er seinen Mitarbeitern Geld, damit sie sich Häuser bauen und ihren Lebensstandard verbessern konnten. Er setzte darauf, dass man allein nur wenig, Großes dagegen in Gemeinschaft mit tüchtigen, sozial zufriedenen Mitarbeitern zuwege bringen könne.

Bereits 20 Jahre später war er in Mexiko zu großem Ansehen und Wohlstand gekommen. 1921 schickte er dem Roten Kreuz zugunsten der Not leidenden Jugend die für damalige Zeiten unglaubliche Summe von 210 000 Goldmark nach Deutschland. Und der Jugend sollte fortan auch seine besondere Zuwendung gelten. Im gleichen Jahr noch richtete er ein Kinderheim auf dem Priwall in Travemünde ein, in dem allein zwischen 1922 und 1942 über 10 000 Kinder unbeschwerte Ferien verleben durften. 1923 entstand der Rudolf-Groth-Kinderpark an der Travemünder Allee, nach 1945 übernahm er mit generöser finanzieller Unterstützung die Patenschaft einer Schule in Kücknitz, und 1967 ermöglichte er die Gründung der Lebenshilfe für geistig behinderte Kinder, aus der sich dann die „Beschützenden Werkstätten" in Marli entwickelten.

200 000 Mark gab er für die Restaurierung des Burgklosters, 100 000 Mark für die

Dies war der Lieblingsplatz von Rodolfo Groth, wenn er in Lübeck weilte: der Blick von seiner Wohnanlage am Tor der Hoffnung hinüber auf die Silhouette der Altstadt. Im Hintergrund die Jakobikirche

Erhaltung mittelalterlicher Malereien am Hauptportal des Lübecker Doms, 500 000 Mark für die Herrichtung des historischen Zeughauses für die Völkerkundesammlung. Seiner Initiative verdankt die Hansestadt auch die 1936 geschaffenen baulichen und gärtnerischen Anlagen am Tor der Hoffnung. Die Lebensmaxime Rodolfo Groths ist noch heute am Torbogen des Häuserblocks ablesbar: „Was es auch Gewaltiges gibt zu erleben, den Mitmenschen Freude zu machen, ist doch das Beste."

Rodolfo Groth hat vielen Menschen in seinem 104 Jahre langen Leben, das am

6. Februar 1985 endete, Freude bereitet und ist dabei ein höchst bescheidener, liebenswürdiger und bis ins hohe Alter hinein geistig allem Guten und Schönen zugewandter Mensch geblieben. „Ich war in meinem Leben immer anspruchslos, bescheiden und sparsam“, bekannte er im Alter von 99 Jahren, „ich habe immer mehr gearbeitet, aber weniger geschlafen als andere.“

Anlässlich seines 104. Geburtstages würdigte der damalige Bürgermeister Dr. Robert Knüppel die Verdienste des Lübecker Ehrenbürgers mit den Worten: „Ihre wohltätige Beteiligung am Geschehen unserer Tage ist niemals eine Geste gewesen, sie war stets ein selbstloses, uneigennütziges, nüchtern-realistisches Tätigwerden im Geiste der Menschenliebe, geboren aus der Haltung eines Menschen, der, ohne Anerkennung zu erwarten, in Selbstverständlichkeit zur Tat schreitet.“

Und Rodolfo Groth fügte bei anderer Gelegenheit einmal hinzu: „Wenn durch einen Menschen ein wenig mehr Liebe und Güte, ein wenig mehr Licht und Wahrheit in die Welt gebracht werden, dann hat sein Leben einen Sinn gehabt.“ Für Rodolfo Groth hat das Leben einen ausgefüllten, reichen und beglückenden Sinn gehabt.

Die Scheinheiligen von St. Marien

Es war ein denkwürdiger Tag für Lübeck, als am 2. September 1951 die 700-Jahr-Feier der im Kriege schwer beschädigten und inzwischen notdürftig wieder hergerichteten Marienkirche begangen wurde. Bundeskanzler Konrad Adenauer hatte sich die Ehre gegeben, Schleswig-Holsteins Landesregierung war vollzählig zur Stelle, weitere illustre Gäste aus nah und fern gaben sich an diesem Tag ein Stelldichein in der Marienkirche. Denn etwas Besonderes noch galt es zur Feier des Tages zu bewundern, die „freigelegten" gotischen Fresken im Hochchor des Langhauses. Begeistert darüber hatte sich im Vorfeld des festlichen Tages bereits die künstlerische Fachwelt geäußert. „Die Welt blickt auf St. Marien", titulierte die Presse, von einer „Fügung" war die Rede, denn der Brand 1942 habe die vom Prunk späterer Zeiten überkrustete „Ruhmeshalle städtischen Patriziats" purgiert, phönixgleich sei „uns heute die ursprüngliche mittelalterliche Raumgestaltung wiedergeschenkt worden", und ein „unerreichtes mittelalterliches Meisterwerk von gewaltiger Zeugniskraft" kröne sie nun. Die Bundespost feierte diese Entdeckung

Die Scheinheiligen von St. Marien: Prof. Scheper-Berlin, ein Mitglied der Kommission, untersucht im September 1952 die Fälschungen im Chorobergaden der Lübecker Marienkirche, (von links nach rechts:) Prof. Scheper-Berlin, Dietrich Fey und Lothar Malskat

sogar mit der Herausgabe einer Sondermarke. Doch der allgemeinen Euphorie sollte die bodenlose Ernüchterung schon bald auf dem Fuße folgen. Noch wurden dem Restaurator Dietrich Fey alle möglichen Ehrungen zuteil, Glückwünsche und Urkunden, ihm sollte sogar der Titel eines Professors angetragen werden. Aber der Lorbeerkranz gebührte in Wirklichkeit nicht ihm, sondern dem von ihm beauftragten Maler Lothar Malskat, der aus dem Nichts die Scheinheiligen in St. Marien geschaffen hatte.

Aus Verärgerung über die Glorifizierung seines Auftraggebers erstattete Lothar Malskat im September 1952 Strafanzeige gegen sich selbst und Dietrich Fey. Er forderte den Restaurator dabei obendrein auf, den „Kulturbetrug“ öffentlich einzugestehen. Schließlich habe er die Fresken gestaltet, obwohl keinerlei Reste mittelalterlicher Wandmalereien mehr vorhanden gewesen seien.

Ein daraufhin eingesetzter Untersuchungsausschuss bestätigte die Angaben Malskats und attestierte ihm überdies eine geniale Fähigkeit des Fälschens. Der Prozess, in dem angesehene evangelische Geistliche, Wissenschaftler und Beamte verwickelt waren, zog sich lange hin und endete schließlich mit der Verurteilung Malskats zu 18 Monaten und Feys zu 20 Monaten Freiheitsstrafe. Malskat brauchte dabei nur die Hälfte seiner Strafe zu verbüßen. Die von ihm gefertigten Scheinheiligen wurden später auf Beschluss der Kirchenleitung wieder beseitigt.

Im Zuge der Ermittlungen wurde ferner offenbar, dass Lothar Malskat bereits im Jahre 1940 Wandmalereien im Schleswiger Dom mit den Gesichtern seines Vaters, seiner Schwester und der Filmschauspielerin Hansi Knotek angereichert hatte. Überdies mit einem Truthahn, obwohl ein solcher Vogel erst im 16. Jahrhundert aus Amerika nach Europa eingeflogen wurde. Der geniale Maler und Fälscher Lothar Malskat starb 1988 in einem ländlichen Vorort Lübecks im Alter von 74 Jahren.

Mit „Lübeck Ahoi“ in die fünfte Jahreszeit

Lübeck Ahoi“ schallt es den Lübecker Stadtoberen jedes Mal am Rosenmontag wieder entgegen, wenn die Jecken das Rathaus stürmen und mit der symbolischen Schlüsselübergabe die karnevalistische Hoheit im altehrwürdigen Hause übernehmen. Sieben Karnevalsgesellschaften mit rund 650 Mitgliedern haben sich seit Kriegsende in Lübeck etabliert und den rheinischen Frohsinn bis heute bewahrt.

Hoch her ging es vor allem zu Beginn der 50er Jahre, in einer Zeit, da die von Krieg und Entbehrungen gebeutelte Bevölkerung nach Vergnügungen geradezu lechzte und jede Gelegenheit wahrnahm, um sich an Spektakeln gleich welcher Art wieder zu delektieren.

Im Jahre 1951 zum Beispiel säumten rund 200 000 Menschen die Straßen, um sich am Rosenmontagszug zu erfreuen. Sie feierten so ausgiebig, dass sich die evangelische wie auch die katholische Kirchenleitung Lübecks anschließend dazu veranlasst sah, die Glocken am folgenden Sonntag „zum Zeichen des Schmerzes über die Auswüchse des Karnevals“ schweigen zu lassen. Lübecks Narren ließen sich dadurch

Rosenmontag 1999 im Audienzsaal des Lübecker Rathauses: Stadtpräsident Peter Oertling bei der Schlüsselübergabe an Prinzen- und Kinderprinzenpaar. Neben ihm der damalige Bürgermeister Michael Bouteiller

nicht entmutigen und hoben in den folgenden Jahren einen Karnevalsprinzen nach dem anderen aus der Taufe. In der Saison 1997/1998 auch das Stadtprinzenpaar Sigrid und Ernst-Helmut Wulle. Ihm widerfuhr wenig später sogar eine ganz besondere Ehre. Vom Präsidenten der Rangenberger Karnevalsgesellschaft, Volker John, wurde er bei einem Festakt im Lübecker Ratskeller zum Ehrenmitglied der Gesellschaft ernannt, samt Medaille und Urkunde.

Der Grund dafür: Im Frühjahr 1999 hatte Wulle einen Besuch der Rangenberger Karnevalsgesellschaft in China arrangiert, der in der gesamten deutschen Karnevalslandschaft für großes Aufsehen gesorgt hatte. Die Lübecker waren in Peking zu Gast und hatten sogar Eisbein mit eingeflogen, das bei den Gastgebern auf helle Begeisterung gestoßen sein soll.

Nur der Vorstand der Rangenberger Narren war wenig begeistert von Wulles Auftritt im Fernen Osten. Er sei ohne Einwilligung des Elferrats erfolgt und sei überdies in vollem Ornat nach Aschermittwoch vollzogen worden, was den Sitten und der Vereinssatzung nicht entspräche.

Was den Vorstand aber vollends auf die Palme brachte, war der Umstand, dass ihr Präsident Hans-Helmut Wulle und ihre Lieblichkeit Sigrid aufgrund ihrer Verdienste um die „närrische Völkerverständigung“ zu Ehrenmitgliedern der Rangenberger Karnevalisten ernannt wurden. Dies sei, so zürnten die erbosten Narren, in keiner Weise mit dem Vorstand abgesprochen worden und als eigenmächtiges Vorgehen Volker Johns anzusehen.

Deutlich wurde dies dem Ehrenmitglied Wulle vom Vorstand mitgeteilt: „ Halten Sie sich künftig in eigenem Interesse von unseren Veranstaltungen fern!“ Woraufhin Wulle konterte: „Die Gesellschaft sollte dankbar sein, dass sie einen Mann wie John hat. Der ist seiner Zeit voraus.“ Das war er auch insofern, als er sein Amt niederlegte, noch bevor eine außerordentliche Mitgliederversammlung über seinen Ausschluss beraten konnte. Die Prinzessin hatte ihr Faschingskostüm ohnehin schon weggeworfen. Was Lübecks Narren freilich nicht daran hindert, alljährlich wieder erneut die Kappen aufzusetzen und mit ausgelassenem „Lübeck Ahoi“ die fünfte Jahreszeit zu feiern.

Weitere Bücher aus dem Wartberg Verlag für Ihre Reg

Lübeck – wie es früher war
von Ulrich Pietsch
72 S., geb.,
zahlr. S/w-Fotos
(ISBN 3-86134-201-4)

Lübeck – Fotografien von gestern und heute
von Jan Zimmermann
70 S., geb., zahlr. S/w- und Farbfotos
(ISBN 3-8313-1102-1)

Lübeck – Bewegte Zeiten Die 50er Jahre
von Ulrich Pietsch
72 S., geb.,
zahlr. S/w-Fotos
(ISBN 3-86134-254-5)

Rundflug über Lübeck Eine Stadt im Wiederaufbau
von Wolfgang Muth
64 S., geb., zahlr.
S/w-Fotos, Großformat
(ISBN 3-8313-1077-7)

Rundgang durch das alte Lübeck
von Thorsten Albrecht
64 S., geb., zahlr.
S/w-Fotos, Großformat
(ISBN 3-86134-912-4)

Also, heut' Nachmittag im Café Köpff
Geschichten und Anekdoten aus dem alten Lübeck
von Helmut von der Lippe
80 Seiten, geb., S/w-Fotos
(ISBN 3-8313-1369-5)

Wartberg Verlag GmbH & Co. KG
Bücher für Deutschlands Städte und Regionen
Im Wiesental 1 · 34281 Gudensberg-Gleichen · Telefon (0 56 03) 9 30 50
Fax (0 56 03) 30 83 · www.wartberg-verlag.de